Keywan Niederstraßer &
Yeshe Wolfsen

Fotografie: Ralf Niemzig

Rolled ICE CREAM

DIE COOLSTEN REZEPTE

CHRISTIAN

INHALT

DIE STORY VON ROLLING ICE

DIE BASICS

DIE REZEPTE

Basics

Oreo Dream 30
Mr. Monkey 32
Peanutbutter Magic 34
Popcorn Diva 36
Hamburger Jung 38

Fruchtig

Bikinifigur 40
Altes Land 42
Purple Rain 44
Copacabana 46
Hamburger Deern 48
Obstsalat 50

Sweeties

Omas Käsekuchen 52
Hot Bandito 54
Schoko-Orange 56
Go Nuts 58
Mein Name ist Hase 60
American Dream 62
Oh Honey 64
Kalte Schnitte 66
Krümelmonster 68
Solo con Giotto 70

Let's get vegan

Big in Japan 72
Berry Me 74
Bananarama 76
Sauer macht lustig 78
Vanillemix 80
Cocochoco 82

Let's get crazy!

Hello India 84
Bullerbü 86
Prince of Persia 88
Komm ins Café 90
Turkish Delight 92

Dank 94
Impressum & Bildnachweis 95

Rolling ICE
DAS COOLSTE EIS DER STADT
Eis Kunst
ICE CREAM ROLLS
ICE, ICE BABY

nike
RI 212

VON HAMBURG NACH THAILAND UND WIEDER ZURÜCK

Moin Moin, wir sind die Eismänner Yeshe und Keywan. Kennengelernt haben wir uns eher zufällig als Kollegen im Restaurant, damals im Sommer 2015.

Ich, Keywan, damals 19 Jahre alt, gerade frisch aus dem Abi, versuchte mich mit dem Job über Wasser zu halten, um Geld für eine Weltreise zu sammeln, und Startkapital für etwas Eigenes. Was, wusste ich nicht, Hauptsache etwas Eigenes.

Ich, Yeshe, damals 34 Jahre alt, ein Weltenbummler, der schon in Hotels und Restaurants auf der ganzen Welt gearbeitet hat. Von Sydney bis nach L.A. und wieder zurück nach Hamburg, spürte ich damals den Drang, etwas Neues zu wagen.

Mit Eis hatten wir beide eigentlich nie viel zu tun, doch dies änderte sich schlagartig im Thailand-Urlaub 2015. Im Thailand-Urlaub 2015 war ich, Yeshe, mit meiner Freundin Tanja auf den berühmten und berüchtigten Nachtmärkten unterwegs. Neben den gewöhnlichen Heuschrecken und anderen Köstlichkeiten fiel meiner Freundin auf einmal ein Stand ins Auge. Dort hatte sich eine kleine Menschentraube gebildet, sodass wir auch neugierig wurden, was dort am Stand angeboten wird. Zuerst wussten wir überhaupt nicht, was da passiert. Wir sahen nur einen kleinen Jungen wild auf einer Edelstahlplatte herumschlagen, mit Spachteln wie aus dem Baumarkt in der Hand. Mit sehr viel Fingerspitzengefühl bearbeitete er eine weiße breiige Masse, strich sie aus und rollte das Ganze zum Schluss auf. Als er fertig war, fragten wir verwundert, was das denn sei. »Ice Cream«, sagte der kleine Junge. Eis?! Wir kannten Eis nur fertig als Kugeln in der Waffel oder im Becher. Das mussten wir natürlich sofort probieren. Nach kurzem Überlegen hatten wir Lust auf ein frisches Mango-Kokos-Eis und schauten gespannt zu, wie aus einer frischen Mango und Kokosnuss nach wenigen Augenblicken ein cremiges gerolltes Eis für uns wurde. Wir waren verzaubert und konnten es nicht abwarten, unser Eis zu probieren. Und dann kam der Aha-Moment, es schmeckte tatsächlich so, wie es aussah: Fantastisch. In diesem Moment wussten wir. DAS MUSS NACH HAMBURG.

Angekommen in Hamburg zeigte ich Keywan sofort ein Video von den leckeren »Ice Rolls«. Zuerst verwundert, doch dann begeistert, sagte ich,

Keywan, sofort mit einem breiten Grinsen im Gesicht: »Lass machen!« An diesem Tag fiel der Startschuss für eine unglaubliche Reise voller Eis, Spaß und Vergnügen, auf die wir euch jetzt gerne mitnehmen möchten.

ALLER ANFANG IST SCHWER

Sommer 2016. 30 Grad. Irgendwo in Hamburg auf einem Parkplatz.
Wir wollten endlich loslegen. Den Verkaufswagen hatten wir schon gekauft. Auf Ebay-Kleinanzeigen gesehen und sofort verliebt. Fiat Ducato Baujahr 90 in gelb, wie ein altes Postauto. Nicht lange überlegt, und schon saßen wir im Zug nach Dresden, um das Auto abzuholen. Nun waren wir bereit. Dachten wir. Auto steht, Eismaschine ist im Auto. Wetter ist bombastisch in Hamburg. Dann konnte es doch losgehen, oder?

Ein gelber Eiswagen? Wir sind keine Borussia-Dortmund-Fans und von der Post sind wir auch nicht gesponsert. Also passte das nicht so ganz. Da kam uns beiden die glorreiche Idee, einfach alles selbst zu machen. Frei nach dem Motto, selbst ist der Mann. Nur das Problem war, dass wir beide jeder eher zwei linke Hände hatten, und vom Heimwerken wenig bis gar keine Ahnung. Also ab in den Baumarkt und erst mal schön mit Farbe und mit allem Weiteren eingedeckt, was wir so brauchten, um das Auto zum Food Truck werden zu lassen. Schnell noch ein paar YouTube-Videos geguckt und los ging es.
Da standen wir nun. Sommer 2016. 30 Grad. Irgendwo in Hamburg auf einem Parkplatz.

Bewaffnet mit Pinsel, Farbrolle und Schleifpapier verbrachten wir den ein oder anderen langen Sommertag. Und am Ende war er nicht mehr gelb. Jetzt war er auf einmal blau-weiß und wir hatten einen richtigen Food Truck. Aber was ist eigentlich mit dem Eis? Die Eismaschine hatten wir im Auto, so weit so gut, aber von Eisrollen konnte man noch lange nicht sprechen. Also noch mal schnell ein paar YouTube-Videos gucken und irgendwie versuchen, das Eis zum Rollen zu bringen. Leichter gesagt als getan, doch nach zwei Wochen Übung konnte man schon langsam von Eisrollen sprechen. Jetzt mussten wir nur noch einen Standplatz besorgen, wo wir unser Eis an den Mann oder auch an die Frau bringen konnten. Erst mal jedem Veranstalter eine Mail geschickt und selbstbewusst behauptet, das coolste Eis in

Hamburg zu haben. Und siehe da, einer meldete sich auch wirklich zurück und bot uns einen Standplatz vor der gut besuchten Rindermarkthalle an. Na endlich, nach monatelangen Kämpfen hatten wir es geschafft. Wir stehen. Jetzt aber schnell alles bereit machen und Klappe auf. Am 9. Juni 2016 ging es dann wirklich offiziell los. Wir waren Food Trucker!

DER WENDEPUNKT

Was sind denn überhaupt diese Rollen? Diese Frage hörten wir am Anfang ständig. Irgendwie hatten wir uns das Ganze leichter vorgestellt. Unserem Selbstverständnis folgend klebten wir vorne an unsere Verkaufsfläche ein Schild, auf dem Eis durchgestrichen war. Wir machen nicht herkömmliches Eis, wir machen Eisrollen. Im Nachhinein sorgte dieses Schild sicherlich für ganz schöne Verwirrung, aber wir fanden es damals total cool. Wir wollten uns abgrenzen vom Standard-Eiswagen. Wir wollten fresher sein und ganz hoch hinaus, doch am Anfang war eher Ballflachhalten angesagt. Viele Standplätze hatten wir nicht. Jeden Samstag und Sonntag vor der Rindermarkthalle, ansonsten war nicht viel los. Irgendwie hatten wir uns das anders vorgestellt mit dem eigenen Eiswagen. Wir wollten raus, am liebsten jeden Tag, und die Menschen begeistern mit dieser neuen Art, Eis zu machen. Also ging es weiter, einen Veranstalter nach dem anderen abklappern, mit der Hoffnung, an weitere Standplätze ranzukommen. Doch die meisten reagierten gar nicht oder hatten schon genug Anbieter. Doch wir gaben nicht auf und wurden tatsächlich für unser Durchhaltevermögen belohnt. Wir konnten ab Juli jede Woche mittwochs und donnerstags auf dem Spielbudenplatz stehen. Ein Traum wurde wahr, nun waren wir mittendrin in der Szene und durften mit der »Crème de la Crème« der Hamburger Food Trucks jede Woche feinstes Essen (also Eis) an den Mann bringen.

Langsam ging es wirklich bergauf und wir konnten uns einen Namen machen in der Szene. Eis für Eis ging über die Theke, und wir hatten viel Spaß, Teil dieser Food Truck-Bewegung zu sein.

Hamburg. 06. August 2016. Fischauktionshalle. »Ice Cream Festival« 10 000 Menschen. 50-Meter-Schlangen. 10 Stunden durchhacken. Dieser Tag hat alles verändert. Seit diesem Tag wussten wir, welch ein Potenzial in unserem Produkt steckt. Die Leute liebten es. Jeder wollte

unser Eis probieren und wir kamen überhaupt nicht mehr hinterher. Wie im Rausch machten wir Eis. Wir hatten nicht mal genug Zeit, um einen Schluck zu trinken, geschweige denn, etwas zu essen. Auf so einen Ansturm waren wir nicht vorbereitet, doch er öffnete unsere Augen. Nun wussten wir, wir machen die Sache ganz groß!

PFINGSTEN AUF ST. PAULI

Tourleben. Jede Woche ein Event. Richtige Food Trucker.
Von nun an ging es richtig los. Seit dem Wendepunkt in der Fischauktionshalle verlief auf einmal alles viel leichter. Die Events kamen ran, und wir konnten den Sommer in Hannover auf unserem letzten Event im September beenden. Am Ende des Jahres wurden wir sogar unter die sechs besten Trucks in Hamburg gewählt. Was für ein krönender Abschluss der ersten Saison. Nun waren wir voller Vorfreude auf das nächste Jahr und konnten es kaum abwarten, die Leute wieder mit unseren Eisrollen glücklich zu machen.

Tourleben. Jede Woche ein Event. Leben wie ein Rockstar.
Nur ohne Groupies natürlich, doch ansonsten fühlte es sich wirklich genau

so an. Die Saison 2017 verging wie im Flug. Nun waren wir in ganz Norddeutschland unterwegs. Bremen, Hannover, Kiel, Rostock und sogar fast bis nach NRW in Minden. Firmen schrieben uns an und wollten uns buchen. Von Montblanc über KPMG bis ARD. Alle wollten unser Eis probieren und wir waren auf einmal total gefragt. Unser Leben hatte sich mit einem Mal total gewendet und wir waren nur noch unterwegs. Es machte richtig Spaß, da die Leute uns und das Produkt immer mehr verstanden. Dank Instagram und YouTube, wo unser Kumpel Gil Grobe mit seinem Channel »Ice Cream Rolls« die ganze Welt eroberte, kannte auf einmal fast jeder diese Eisrollen. Wir waren in ganz Hamburg bekannt als der Eiswagen Nummer 1. Was für eine Geschichte. Doch hier sollte es nicht aufhören. Wir wollten noch höher hinaus. Noch mehr Leute begeistern und der coolste Food Truck des Landes werden. Mit dieser Motivation gingen wir in die Saison 2018. Voller Energie und Eislust. Da standen wir nun. Pfingsten 2018 auf St. Pauli. Fünf Tage perfektes Wetter.

Und dazu passend eine fünf Tage nicht endende Schlange. Wir hatten ja schon einiges erlebt bis zu diesem Event, aber das stellte wirklich alles in den Schatten. Es war ein Heimspiel auf St. Pauli. Jeden Tag von Mittag bis Mitternacht Verkauf. An Schlaf war nicht mehr zu denken. Morgens früh aufstehen zum Einkaufen und Vorbereiten und nachts spät nach Hause kommen. Zeitungsreporter vor Ort, um ein Interview mit uns zu machen. So wurde die Saison 2018 eingeläutet. Fast schon unwirklich. Am letzten Eventtag, nach gefühlt 80 Stunden Arbeit in fünf Tagen, bauten um 18.00 Uhr dann langsam alle Trucks ab und fuhren los. Doch bei uns war nicht an abbauen zu denken. Bis 21.00 Uhr riss die Schlange nicht ab, bis wir am Ende die letzten waren, die noch auf dem Spielbudenplatz standen. Wie sollte das noch getoppt werden?

DER TRAUM GEHT WEITER

Doch es wurde getoppt. Von Eisfest zu Eisfest. Von Event zu Event. Von Catering zu Catering. Es war der beste Sommer unseres Lebens. Hamburg wurde zu einer fast schon tropischen Metropole. Jeden Tag gefühlt 30 Grad und nur Sonnenschein. Wir kamen kaum mehr hinterher mit Anfragen. Und so verging auch dieses Jahr wie im Flug, doch dieses Jahr inspirierte uns, einen Schritt weiter zu gehen. Und das taten wir dann auch. Die Saison 2019 war eingeläutet. Es wurde Zeit für einen zweiten Truck. Nicht nur das, sondern unser ganzer Auftritt sollte auf das nächste Level gehoben werden. Also gingen wir an die Arbeit. Neues Logo, neue Farben für die Trucks und ein größeres Team. Jetzt wollten wir noch mehr Menschen glücklich machen, und das gelang uns auch. 2019 wurden neue Städte überrollt. Wir waren jetzt wirklich fast überall. Berlin, Oldenburg, Dortmund und Braunschweig. Rolling Ice war im ganzen Land.

Berlin. Hamburg. Bremerhaven.
Plötzlich standen wir an drei Orten gleichzeitig, da wir auch noch mobiles Catering anboten. Was für eine Logistik. Wir hatten ein Catering für ein riesiges Modeunternehmen mitten auf dem Ku'damm in Berlin. Parallel dazu noch zwei Eisfeste. Es sollte das größte Wochenende werden, was wir je hatten. Doch dieses Mal verlief nicht alles nach Plan. Zwei Eismaschinen gaben den Geist auf, der Truck blieb auf dem Weg liegen, und plötzlich war Mitte Mai nur noch 10 Grad und Regen angesagt.

Was für ein Wochenende. Doch anstatt aufzugeben ließen wir nicht locker. Auch wenn der Start etwas holprig verlief, wurde die Saison 2019 dennoch zu unserer erfolgreichsten Saison.
Wir hatten es wirklich weit geschafft. Die zwei Eismänner aus Hamburg. Angefangen mit einer einfachen Idee und auf einmal waren wir in der ganzen Republik unterwegs!

2020
Wir sitzen zu Hause und schreiben an unserem eigenen Buch. Wer hätte das gedacht, was aus dem Thailand-Urlaub 2015 alles geworden ist. Es ist die Geschichte eines Traumes, der Wirklichkeit wurde. Ein Weg voller Ups und Downs, einer kleinen Prise Glück und ganz viel Eisliebe.
Doch der Traum ist noch lange nicht vorbei. Wir arbeiten gerade an weiteren Konzepten und Möglichkeiten uns zu vergrößern ... Immer nur mit dem einen Ziel: mehr Leute mit unserem Eis glücklich zu machen!
Auf unserer Reise haben wir schon zahllose Eiskreationen ausprobiert. In diesem Buch zeigen wir Euch unsere Favoriten. Zum Selbernachmachen. Viel Spaß!

Eure

Rolling ICE
Eis Kunst
ICE ICE BABY

Rolling ICE
Eis Kunst
ICE CREAM ROLLS

Rolling ICE
Eis Kunst
ICE CREAM ROLLS
ICE ICE BABY

Rolling ICE
ICE CREAM ROLLS

Rolling ICE
Eis Kunst
ICE CREAM ROLLS
Rolling ICE
DAS COOLSTE EIS DER STADT

Rolling ICE
ICE CREAM ROLLS

Die Grundlagen
TECHNISCHE VORAUSSETZUNGEN

Eis-Teppanyaki:
Diese sind in zwei Varianten erhältlich. Die einfache Version sind Eis-Teppanyaki-Platten, die 24 Stunden vor Gebrauch im Gefrierschrank bei -20 °C tiefgekühlt werden müssen. Der Vorteil dieser Variante ist, dass die Platten nicht sehr groß sind und häufig mit allerlei Zubehör im Set erhältlich sind. Außerdem besticht diese Variante durch den günstigen Preis.

Deutlich aufwendiger sind professionelle Geräte, die im Fachhandel erhältlich sind. Sie sind mit Kompressoren ausgerüstet, die Temperaturen von bis zu -25 °C erzeugen können. Das Problem ist, dass diese Geräte einen hohen Platzbedarf haben und der Preis im vierstelligen Bereich liegt.

ZUDEM BENÖTIGT IHR

- zwei große Edelstahlspatel, z.B. Grillspatel
- eine Küchenzange zum Aufgreifen der Eisrollen
- einen Messbecher bzw. Portionierer
- Spritzflaschen zum Abfüllen der Saucen

Ø10
0.25 L
PIRGE

Die Technik der
ICE CREAM ROLLS

SCHRITT 1

Zutaten auswählen.

SCHRITT 2

Die Premix auswählen.

SCHRITT 3

Falls Zutaten verwendet werden, die in größeren Stücken sind wie z.B. Gebäck oder große Früchte, diese grob zerkleinern. Anschließend alle Zutaten hügelartig auf die Eisplatte legen. Mit Hilfe der Spatel, die aufrecht kreuz und quer in die Zutaten gehackt werden, die Zutaten auf der Platte zerkleinern. Dabei durch mehrmaliges Zusammenschieben der Zutaten und Ändern der Hackrichtung alles fein zerkleinern und vermengen. Abschließend die Zutaten noch einmal gründlich vermischen.

SCHRITT 4

Die Masse wird als rechteckige dünne Schicht auf der Platte ausgestrichen. Sobald die Masse angefroren ist, wird an einer Ecke der langen Seite des Rechtecks beginnend immer wieder ein spatelbreiter Streifen der gefrorenen Masse langsam zusammengeschoben. Dabei darauf achten, dass die Spatel zum Aufrollen in einem Winkel von etwa 45 Grad geschoben werden, damit sich die Masse gut aufgerollt. Die fertigen Ice Cream Rolls auf der Plattenseite zwischenlagern, bis alle Rolls geformt sind. Eine Standardportion besteht aus 5 Ice Cream Rolls. Wichtig ist dabei, den richtigen Zeitpunkt für das Aufrollen zu finden. Die Masse darf einerseits nicht mehr flüssig sein, andererseits sollte sie aber auch nicht zu fest angefroren sein. Das Gefühl für den richtigen Zeitpunkt erfordert etwas Erfahrung.

SCHRITT 5

Mit Hilfe der Küchenzange die Ice Cream Rolls aufrecht stehend in den vorbereiteten Becher stellen und mit den vorbereiteten Zutaten für die Garnitur abschließen.

1

2

3

4

5

TOPPINGS

Schokoladensauce

ergibt ca. 1000 ml

500 ml flüssige Sahne (30 % Fettgehalt)
500 g dunkle Schokolade (mindestens 50 % Kakaogehalt)

Die Schokolade zerkleinern und in eine Metallschüssel geben. Die Sahne in einem Topf bei niedriger Temperatur erhitzen, aber nicht kochen. Die heiße Sahne über die Schokoladenstücke gießen und unter Rühren schmelzen, bis eine homogene dickflüssige Schokoladensauce entstanden ist.

Für eine vegane Variante der Schokoladensauce einfach die Sahne durch eine vegane Sahne ersetzen.

Vegane Karamellsauce

ergibt ca. 800 ml

600 g Zucker
190 g Pflanzenmargarine
300 ml Sojadrink
1½ EL Salz

Den Zucker zusammen mit 8 EL Wasser in einem Topf bei mittlerer Temperatur goldbraun karamellisieren. Dann die Margarine unterrühren. Sobald diese geschmolzen ist, den Topf vom Herd nehmen und langsam den Sojadrink und das Salz unterrühren. Die Sauce heiß in eine Schraubflasche füllen und erkalten lassen. Die Flasche fest verschließen.

Karamellsauce

ergibt ca. 800 ml

600 g Zucker
350 ml flüssige Sahne (30 % Fettgehalt)
2 EL Maisstärkemehl

Den Zucker zusammen mit 8 EL Wasser in einem Topf bei mittlerer Temperatur goldbraun karamellisieren. Dann die Sahne angießen und so lange weiterrühren, bis sich der Karamell wieder vollständig aufgelöst hat. Dann das Stärkemehl in etwas kaltem Wasser glatt rühren, in die Karamellsauce rühren und kurz aufkochen lassen. Die Sauce heiß in eine Schraubflasche füllen und erkalten lassen. Die Flasche fest verschließen.

Für die Variante »Salzkaramellsauce« zusammen mit dem Stärkemehl 1 ½ TL Salz unter die Karamellsauce rühren.

Rote Fruchtsauce

ergibt ca. 1000 ml

800 g geputzte rote Beeren
200 g Gelierzucker (Mischverhältnis 1:1)
2 TL Zitronensaft

Die Beeren mit dem Gelierzucker und dem Zitronensaft in einen hohen Rührbecher geben und vermengen. Anschließend mit einem Stabmixer etwa 1 Minute zu einer cremigen Fruchtsauce pürieren.

Vanillesauce

ergibt ca. 1000 ml

100 g Puderzucker
40 g Maisstärkemehl
5 g gemahlene Vanilleschote
1 l Vollmilch (oder veganes Milchersatzprodukt)

Den Puderzucker in eine kleine Rührschüssel sieben. Das Stärkemehl und die gemahlene Vanille dazugeben und alles mit 2 EL Milch glatt rühren. Die restliche Milch zum Kochen bringen und das Stärke-Zucker-Gemisch hineinrühren. Die Vanillesauce einmal kurz aufkochen lassen und dann 2 Minuten unter Rühren köcheln lassen.

Für eine vegane Variante der Vanillesauce die Vollmilch durch ein veganes Ersatzprodukt ersetzen.

Premix »KLASSISCH«

für 10–12 Portionen à 5 Ice Cream Rolls

250 g Puderzucker
1 l Vollmilch (3,5 % Fettgehalt)
250 ml flüssige Sahne (30 % Fettgehalt)
1 EL Johannisbrotkernmehl
1 Prise Salz

Den Puderzucker in einen hohen Rührbecher sieben und die Milch sowie die Sahne zugeben. Mit einem Stabmixer die Zutaten gut vermengen, aber nicht zu lange mixen, da die Sahne nicht steif geschlagen werden sollte.

Anschließend rasch das Johannisbrotkernmehl und das Salz untermixen.

Die Mischung dann abgedeckt im Kühlschrank etwa 10 Minuten ruhen lassen.

Premix
»VEGAN-SOJA«

für 10–12 Portionen à 5 Ice Cream Rolls

250 g Puderzucker
1 l Milchersatzprodukt auf Sojabasis (alternativ auf Basis von Mandeln, Hafer, Kokosnuss etc.)
200 ml Sojakochcreme (18 % Fettgehalt)
50 ml geschmacksneutrales Kokosfett
1 EL Johannisbrotkernmehl
1 Prise Salz

Den Puderzucker in einen hohen Rührbecher sieben. Das Milchersatzprodukt, die Sojakochcreme und das Kokosfett zugeben. Mit einem Stabmixer die Zutaten gut vermengen, aber nicht zu lange mixen, da die Sojakochcreme nicht steif geschlagen werden sollte.

Anschließend rasch das Johannisbrotkernmehl und das Salz untermixen.

Die Mischung dann abgedeckt im Kühlschrank etwa 10 Minuten ruhen lassen.

TIPP

Im Handel sind Kokosöl und Kokosfett erhältlich. Bei Kokosöl handelt es sich meist um kalt gepresstes Produkt, das noch eine leichte Kokosduft- und Geschmacksnote enthalten kann. Kokosfett ist die Bezeichnung für Kokosöl, das mit Hilfe von Wasserdampf weiterverarbeitet wurde. Es zeichnet sich durch neutralen Geruch und Geschmack aus und ist deshalb in der Küche – vor allem für die Zubereitung veganer Speisen – vielfältig einsetzbar. Es gib sehr hochwertige Bio-Produkte, denen in einem sehr schonenden Verfahren bei geringen Temperaturen flüchtige Geschmacks- und Geruchsstoffe entzogen worden sind. Vorsicht ist bei kostengünstigem Kokosfett, das häufig als Frittierfett angeboten wird, geboten. Diese Variante wird in der Aufbereitung raffiniert, gehärtet oder gebleicht und enthält keinerlei Nährstoffe mehr. Vielmehr steht sie wegen möglicherweise enthaltener Transfette im Verruf.

Premix
»VANILLE«

für 10–12 Portionen à 5 Ice Cream Rolls

1 Vanilleschote
1 l Vollmilch (3,5 % Fettgehalt)
250 g Puderzucker
250 ml flüssige Sahne (30 % Fettgehalt)
1 EL Johannisbrotkernmehl
1 Prise Salz

Die Vanilleschote mit einem spitzen, scharfen Messer der Länge nach aufschlitzen und das Mark herauskratzen. Die Milch mit der Schote und dem Mark in einen Topf geben zum Kochen bringen.

Anschließend den Topf zum Abkühlen und Durchziehen für 20 Minuten beiseitestellen. Die Vanilleschote dann entfernen.

Den Puderzucker in einen hohen Rührbecher sieben und die Vanillemilch sowie die Sahne zugeben. Mit einem Stabmixer die Zutaten gut vermengen, aber nicht zu lange mixen, da die Sahne nicht steif geschlagen werden sollte.

Anschließend rasch das Johannisbrotkernmehl und das Salz untermixen.

Die Mischung danach abgedeckt im Kühlschrank etwa 10 Minuten ruhen lassen.

Premix »SORBET«

für 10–12 Portionen à 5 Ice Cream Rolls

250 g Puderzucker
500 g geputzte frische Erdbeeren
100 g geputzte frische Himbeeren
100 g geputzte frische Brombeeren
100 ml geschmacksneutrales Kokosfett
2 EL Johannisbrotkernmehl

Den Puderzucker in eine Schüssel sieben.

Die Beeren in einen hohen Rührbecher geben und mit einem Stabmixer fein pürieren. Dann den Puderzucker zugeben und untermixen.

Anschließend rasch das Kokosfett und das Johannisbrotkernmehl zugeben und alles zusammen 2 Minuten zu einem cremigen Püree mixen.

Das Fruchtpüree dann abgedeckt im Kühlschrank etwa 10 Minuten ruhen lassen.

TIPP

Alternativ zu den hier verwendeten Früchten können selbstverständlich alle anderen Früchte verwendet werden. Am besten sind natürlich ausgereifte, saisonale Früchte geeignet, da sie das beste Aroma mitbringen.

Die Rezepte

Oreo DREAM

für 1 Portion à 5 Ice Cream Rolls*

Für die Ice Cream Rolls

2 Kakaokekse mit Vanillecremefüllung (z.B. Oreo)

100 ml Premix »Klassisch« (siehe Seite 22)

Für das Topping

1 EL Schokoladensauce

1 Kakaokeks mit Vanillecremefüllung (z. B. Oreo)

Ice Cream Rolls

Die Kekse grob zerbröseln und zusammen mit dem Premix hügelartig auf die Eisplatte legen. Mit Hilfe der Spatel zerkleinern und gut vermischen.

Dann die Masse rechteckig fein ausstreichen, anfrieren lassen und 5 Ice Cream Rolls herstellen. Die Ice Cream Rolls mit der Küchenzange in die vorbereiteten Becher stellen.

Topping

Die Schokoladensauce über die Ice Cream Rolls geben und den Keks als Garnitur hineinstecken.

*Alle Rezepte in diesem Buch ergeben 1 Portion à 5 Ice Cream Rolls.
Beim Fotoshooting haben wir mal 3, mal 4, mal 5 Rolls in die Becher gestellt.

Mr. MONKEY

für 1 Portion à 5 Ice Cream Rolls

Für die Ice Cream Rolls

- ½ geschälte Banane
- 1 EL Nuss-Nougat-Creme
- 1 EL Chocoflakes
- 80 ml Premix »Klassisch« (siehe Seite 22)

Für das Topping

- 1 EL Schokoladensauce
- 1 TL Chocoflakes
- 1 Bananenscheibe

Ice Cream Rolls

Die Banane leicht zerdrücken und zusammen mit den restlichen Zutaten hügelartig auf die Eisplatte legen. Alles zusammen mit Hilfe der Spatel zerkleinern und gut vermischen.

Dann die Masse rechteckig fein ausstreichen, anfrieren lassen und 5 Ice Cream Rolls herstellen. Die Ice Cream Rolls mit der Küchenzange in die vorbereiteten Becher stellen.

Topping

Die Schokoladensauce über die Ice Cream Rolls gießen und die Chocoflakes darüberstreuen. Die Bananenscheibe als Garnitur hineinstecken.

Peanutbutter MAGIC

für 1 Portion à 5 Ice Cream Rolls

Für die Ice Cream Rolls

- 2 Butterkekse
- 1 EL crunchy Erdnussbutter
- 100 ml Premix »Klassisch« (siehe Seite 22)

Für das Topping

- 1 EL Karamellsauce
- einige bunte mit Schokolade überzogenen Erdnüsse
- 1 Butterkeks

Ice Cream Rolls

Die Butterkekse grob zerbröseln und zusammen mit den restlichen Zutaten hügelartig auf die Eisplatte legen. Die Zutaten mit Hilfe der Spatel zerkleinern und gut vermischen.

Dann die Masse rechteckig fein ausstreichen, anfrieren lassen und 5 Ice Cream Rolls herstellen. Die Ice Cream Rolls mit der Küchenzange in die vorbereiteten Becher stellen.

Topping

Die Karamellsauce über die Ice Cream Rolls gießen und einige Schokoerdnüsse darüberstreuen. Den Butterkeks als Garnitur hineinstecken.

Popcorn DIVA

für 1 Portion à 5 Ice Cream Rolls

Für die Ice Cream Rolls

- 1 Riegel Erdbeer-Joghurt-Schokolade (z.B. Yogurette)
- 2 geputzte frische Erdbeeren
- 100 ml Premix »Klassisch« (siehe Seite 22)

Für das Topping

- 1 EL rote Fruchtsauce
- etwas süßes Popcorn

Ice Cream Rolls

Die Schokolade und die Erdbeeren auf der Eisplatte mit den Spateln zerkleinern. Den Premix darübergeben. Alles zusammen nochmals gut mit den Spateln bearbeiten und dabei gut vermischen.

Dann die Masse rechteckig fein ausstreichen, anfrieren lassen und 5 Ice Cream Rolls herstellen. Die Ice Cream Rolls mit der Küchenzange in die vorbereiteten Becher stellen.

Topping

Die Fruchtsauce über die Ice Cream Rolls gießen und einige Popcorn-Flocken darüberstreuen.

Hamburger JUNG

für 1 Portion à 5 Ice Cream Rolls

Für die Ice Cream Rolls

- ½ frisches Franzbrötchen
- 2 EL Apfelmus
- ½ TL gemahlener Zimt
- 100 ml Premix »Klassisch« (siehe Seite 22)

Für das Topping

- 1 EL Apfelmus
- 1 Prise gemahlener Zimt
- 1 getrockneter Apfelchip

Ice Cream Rolls

Das Franzbrötchen grob zerkleinern und zusammen mit den restlichen Zutaten hügelartig auf die Eisplatte legen. Die Zutaten mit Hilfe der Spatel zerkleinern und gut vermischen.

Dann die Masse rechteckig fein ausstreichen, anfrieren lassen und 5 Ice Cream Rolls herstellen. Die Ice Cream Rolls mit der Küchenzange in die vorbereiteten Becher stellen.

Topping

Das Apfelmus über die Ice Cream Rolls geben und den Zimt darüberstreuen. Den Apfelchip als Garnitur hineinstecken.

TIPP

Franzbrötchen – eine Spezialität der Hamburger Küche – sind süße Hefe- oder Plunderteigteilchen, die klassischerweise mit Zimt und Zucker gefüllt sind. Es sind aber auch Varianten mit Mohn, Rosinen, Marzipan oder Schokolade erhältlich.

Bikini-FIGUR

für 1 Portion à 5 Ice Cream Rolls

Für die Ice Cream Rolls

- **3 Blättchen frisches Basilikum**
- **2 geputzte Erdbeeren**
- **1 Spritzer frisch gepresster Limettensaft**
- **80 ml Premix »Klassisch« (siehe Seite 22)**

Für das Topping

- **1 EL rote Fruchtsauce**
- **1 Blättchen frisches Basilikum**
- **1 geputzte Erdbeere**

Ice Cream Rolls

Die Basilikumblätter und die Erdbeeren grob zerkleinern und zusammen mit den restlichen Zutaten hügelartig auf die Eisplatte legen. Mit Hilfe der Spatel alles zusammen nochmals zerkleinern und gut vermischen.

Dann die Masse rechteckig fein ausstreichen, anfrieren lassen und 5 Ice Cream Rolls herstellen. Die Ice Cream Rolls mit der Küchenzange in die vorbereiteten Becher stellen.

Topping

Die Fruchtsauce über die Ice Cream Rolls geben. Die Erdbeeren und das Basilikumblatt als Garnitur hineinstecken.

Altes LAND

für 1 Portion à 5 Ice Cream Rolls

Für die Ice Cream Rolls

- **¼ Avocado, geschält und entsteint**
- **2 EL Apfelmus**
- **80 ml Premix »Klassisch« (siehe Seite 22)**

Für das Topping

- **1 EL Apfelmus**
- **1 Zweig frischer Rosmarin**

Ice Cream Rolls

Die Avocado grob zerkleinern und zusammen mit den restlichen Zutaten hügelartig auf die Eisplatte legen. Anschließend alles zusammen nochmals zerkleinern und gut vermischen.

Dann die Masse rechteckig fein ausstreichen, anfrieren lassen und 5 Ice Cream Rolls herstellen. Die Ice Cream Rolls mit der Küchenzange in die vorbereiteten Becher stellen.

Topping

Das Apfelmus über die Ice Cream Rolls geben. Den Rosmarinzweig als Garnitur hineinstecken.

Purple RAIN

für 1 Portion à 5 Ice Cream Rolls

Für die Ice Cream Rolls

- **etwa 5 geputzte Blaubeeren**
- **1 TL flüssiger Honig**
- **5 g Lavendelzucker**
- **100 ml Premix »Vanille« (siehe Seite 25)**

Für das Topping

- **1 EL rote Fruchtsauce**
- **1 geputzte Brombeere**

Ice Cream Rolls

Die Blaubeeren auf der Eisplatte mit Hilfe der Spatel leicht zerdrücken und dann die restlichen Zutaten hinzufügen. Alles zusammen zerkleinern und gut vermischen.

Dann die Masse rechteckig fein ausstreichen, anfrieren lassen und 5 Ice Cream Rolls herstellen. Die Ice Cream Rolls mit der Küchenzange in die vorbereiteten Becher stellen.

Topping

Die Fruchtsauce über die Ice Cream Rolls geben. Die Brombeere als Garnitur darauflegen.

TIPP

Lavendelzucker ist total einfach selbst zu machen. Dazu 5 EL getrocknete Bio-Lavendelblüten mit 500 g Zucker in ein gut verschließbares Schraubglas füllen, dieses fest verschließen, durchschütteln und einige Tage durchziehen lassen. Anschließend den Lavendelzucker entweder zusammen mit den Blüten oder gesiebt verwenden. Die Intensität der Lavendelnote kann verstärkt werden, indem die Lavendelblüten vor dem Vermischen mit dem Zucker gemörsert werden. Anwendung findet Lavendelzucker beim Verfeinern von Desserts oder Backwaren, beim Aromatisieren von Cocktails oder Tees, aber auch zum Würzen mediterraner Gerichte.

Copa-CABANA

für 1 Portion à 5 Ice Cream Rolls

Für die Ice Cream Rolls

- **1 Kokos-Mandel-Praline (z.B. Raffaello)**
- **2 EL Mangopüree**
- **80 ml Premix »Klassisch«** **(siehe Seite 22)**

Für das Topping

- **1 EL Mangopüree**
- **1 Kokos-Mandel-Praline (z.B. Raffaello)**

Ice Cream Rolls

Die Praline grob zerbröseln und zusammen mit den restlichen Zutaten hügelartig auf die Eisplatte legen. Mit Hilfe der Spatel alles nochmals zerkleinern und gut vermischen.

Dann die Masse rechteckig fein ausstreichen, anfrieren lassen und 5 Ice Cream Rolls herstellen. Die Ice Cream Rolls mit der Küchenzange in die vorbereiteten Becher stellen.

Topping

Das Mangopüree über die Ice Cream Rolls geben. Die Kokos-Mandel-Praline als Garnitur darauflegen.

TIPP

Für die Herstellung von Mangopüree eignen sich nur sehr gut ausgereifte Früchte. Reife Mangos riechen an der Stielseite fruchtig-süß und das Fruchtfleisch gibt auf zarten Druck leicht nach. Die Frucht sollte sich also weder matschig noch steinhart anfühlen. Harte, unreife Mangos können innerhalb von 2–5 Tagen nachreifen, wenn man sie am besten zusammen mit einem Apfel oder einer Banane in eine Papiertüte verpackt und bei Zimmertemperatur liegen lässt. Dabei sollte täglich der Reifezustand überprüft werden. Reife Mangos können bis zu 5 Tage im Kühlschrank gelagert werden.

Hamburger DEERN

für 1 Portion à 5 Ice Cream Rolls

Für die Ice Cream Rolls

2 EL rote Grütze

1 TL gemahlener Zimt

80 ml Premix »Vanille« (siehe Seite 25)

Für das Topping

1 EL Vanillesauce

1 Traube Johannisbeeren oder einige frische Himbeeren

Ice Cream Rolls

Alle Zutaten hügelartig auf die Eisplatte legen, mit Hilfe der Spatel zerkleinern und gut vermischen.

Dann die Masse rechteckig fein ausstreichen, anfrieren lassen und 5 Ice Cream Rolls herstellen. Die Ice Cream Rolls mit der Küchenzange in die vorbereiteten Becher stellen.

Topping

Die Vanillesauce über die Ice Cream Rolls geben. Die Johannisbeertraube oder die Himbeeren als Garnitur darauflegen.

TIPP

Für die Zubereitung von roter Grütze 500 ml roten Fruchtsaft in einem Topf aufkochen. 3 EL Maisstärkemehl und 2 EL Puderzucker mit 3 EL kaltem Wasser glatt rühren, unter den Fruchtsaft mischen, erneut aufkochen und 2–3 Minuten köcheln lassen. Den Topf vom Herd ziehen und je 125 g geputzte Erdbeeren, Himbeeren, Blaubeeren und Sauerkirschen sowie 1 TL Vanilleextrakt untermischen. Die rote Grütze nach Belieben mit Zucker süßen und abkühlen lassen.

Obst SALAT

für 1 Portion à 5 Ice Cream Rolls

Für die Ice Cream Rolls

2 EL kleine Obstwürfel (z.B. Kiwi, kernlose Trauben, Honigmelone, Apfel)

80 ml Premix »Klassisch« (siehe Seite 22)

Für das Topping

1 EL Obstsalat (siehe Tipp)

Ice Cream Rolls

Alle Zutaten hügelartig auf die Eisplatte legen, mit Hilfe der Spatel zerkleinern und gut vermischen.

Dann die Masse rechteckig fein ausstreichen, anfrieren lassen und 5 Ice Cream Rolls herstellen. Die Ice Cream Rolls mit der Küchenzange in die vorbereiteten Becher stellen.

Topping

Den Obstsalat über die Ice Cream Rolls geben.

TIPP

Für Obstsalat am besten immer gut ausgereifte, saisonale Früchte verwenden. Die Früchte putzen, in der gewünschten Form in kleine Stücke scheiden und mit etwas frisch gepresstem Zitronensaft vermischen, damit sich z.B. die Äpfel nicht braun färben. Nach Geschmack kann auch noch etwas Zucker untergemischt werden. Wer mag, verfeinert den Obstsalat mit etwas Likör (z.B. Orangenlikör) oder einigen gehackten Nüssen.

Omas KÄSEKUCHEN

für 1 Portion à 5 Ice Cream Rolls

Für die Ice Cream Rolls

50 g Käsekuchen
1 TL Lemon Curd
80 ml Premix »Klassisch« **(siehe Seite 22)**

Für das Topping

1 EL geschlagene Sahne
3 geputzte Blaubeeren

Ice Cream Rolls

Den Käsekuchen mit Hilfe der Spatel auf der Eisplatte grob zerkleinern. Die restlichen Zutaten zufügen, alles fein zerkleinern und gut vermischen.

Dann die Masse rechteckig fein ausstreichen, anfrieren lassen und 5 Ice Cream Rolls herstellen. Die Ice Cream Rolls mit der Küchenzange in die vorbereiteten Becher stellen.

Topping

Einen Klecks Sahne auf die Ice Cream Rolls spritzen und die Blaubeeren als Garnitur darauflegen.

TIPP

Unter Lemon Curd versteht man im englischsprachigen Raum einen cremig-puddingartigen Brotaufstrich, der aus Eiern, Zucker, Butter und Zitronensaft hergestellt wird. Bei gekauften Produkten sollte auf die Verwendung dieser klassischen Zutaten geachtet werden. Billige Produkte werden gelegentlich mit Maissirup statt Zucker oder Margarine statt Butter hergestellt.

Hot BANDITO

für 1 Portion à 5 Ice Cream Rolls

Für die Ice Cream Rolls

20 g dunkle Schokolade (mindestens 50 % Kakaoanteil)
2 g Chilifäden
100 ml Premix »Klassisch« (siehe Seite 22)

Für das Topping

1 EL Schokoladensauce
Schokoladenspäne
Chilifäden

Ice Cream Rolls

Die Schokolade grob zerkleinern und zusammen mit den restlichen Zutaten hügelartig auf die Eisplatte legen. Mit Hilfe der Spatel alles zusammen fein zerkleinern und gut vermischen.

Dann die Masse rechteckig fein ausstreichen, anfrieren lassen und 5 Ice Cream Rolls herstellen. Die Ice Cream Rolls mit der Küchenzange in die vorbereiteten Becher stellen.

Topping

Die Schokoladensauce über die Ice Cream Rolls geben. Einige Schokoladenspäne und zwei Chilifäden als Garnitur darauflegen.

Schoko-ORANGE

für 1 Portion à 5 Ice Cream Rolls

Für die Ice Cream Rolls

1 Spekulatiuskeks

30 g Vollmilchschokolade (mindestens 30 % Kakaoanteil)

2 Orangenfilets

1 Prise gemahlener Zimt

80 ml Premix »Klassisch« **(siehe Seite 22)**

Für das Topping

1 EL geschlagene Sahne

1 Prise gemahlener Zimt

1 Spekulatiuskeks

Ice Cream Rolls

Den Keks und die Schokolade grob zerkleinern und zusammen mit den restlichen Zutaten auf die Eisplatte legen. Mit Hilfe der Spatel alles fein zerkleinern und gut vermischen.

Dann die Masse rechteckig fein ausstreichen, anfrieren lassen und 5 Ice Cream Rolls herstellen. Die Ice Cream Rolls mit der Küchenzange in die vorbereiteten Becher stellen.

Topping

Einen Klecks Sahne auf die Ice Cream Rolls spritzen, mit dem Zimt bestauben und den Keks hineinstecken.

TIPP

Zum Filetieren einer Orange als Erstes mit einem scharfen Messer am Blüten- bzw. Stielansatz eine so dicke Scheibe abschneiden, dass das Fruchtfleisch erkennbar ist. Die Frucht dann aufrecht auf die Arbeitsunterlage stellen und die Schale von oben nach unten so tief abschneiden, dass auch alle weißen Schalenanteile mit abgeschnitten werden. Die Frucht in die Hand nehmen und mit dem Messer vorsichtig entlang der feinen Trennwände bis zur Mitte der Orange schneiden und die Filets herauslösen. Der dabei austretende Fruchtsaft kann aufgefangen und weiterverwendet werden.

Go NUTS

für 1 Portion à 5 Ice Cream Rolls

Für die Ice Cream Rolls

- 1 TL Nuss-Nougat-Creme
- 1 TL cremige Erdnussbutter
- 1 TL Mandelmus
- 100 ml Premix »Klassisch« (siehe Seite 22)

Für das Topping

- 1 EL Schokoladensauce
- grob gehackte Nusskerne nach Wahl

Ice Cream Rolls

Alle Zutaten hügelartig auf die Eisplatte legen und mit Hilfe der Spatel gut vermischen.

Dann die Masse rechteckig fein ausstreichen, anfrieren lassen und 5 Ice Cream Rolls herstellen. Die Ice Cream Rolls mit der Küchenzange in die vorbereiteten Becher stellen.

Topping

Die Schokoladensauce über die Ice Cream Rolls geben und die gehackten Nüsse darüberstreuen.

Mein Name ist HASE

für 1 Portion à 5 Ice Cream Rolls

Für die Ice Cream Rolls

30 g fein geriebene Karotte
15 g Rosinen
1 Prise gemahlener Zimt
100 ml Premix »Klassisch« (siehe Seite 22)

Für das Topping

1 EL geschlagene Sahne
3 Rosinen

Ice Cream Rolls

Alle Zutaten hügelartig auf die Eisplatte legen, dann mit Hilfe der Spatel fein zerkleinern und gut vermischen.

Anschließend die Masse rechteckig fein ausstreichen, anfrieren lassen und 5 Ice Cream Rolls herstellen. Die Ice Cream Rolls mit der Küchenzange in die vorbereiteten Becher stellen.

Topping

Einen Klecks Sahne auf die Ice Cream Rolls spritzen und die Rosinen als Garnitur darauflegen.

American DREAM

für 1 Portion à 5 Ice Cream Rolls

Für die Ice Cream Rolls

- 3–4 kleine Salzbrezeln
- 1 EL cremige Erdnussbutter
- 100 ml Premix »Klassisch« (siehe Seite 22)

Für das Topping

- 1 EL Salzkaramellsauce
- 1–2 kleine Salzbrezeln

Ice Cream Rolls

Die Brezeln grob zerbröseln und zusammen den restlichen Zutaten hügelartig auf die Eisplatte legen. Mit Hilfe der Spatel alles zusammen fein zerkleinern und gut vermischen.

Dann die Masse rechteckig fein ausstreichen, anfrieren lassen und 5 Ice Cream Rolls herstellen. Die Ice Cream Rolls mit der Küchenzange in die vorbereiteten Becher stellen.

Topping

Die Salzkaramellsauce über die Ice Cream Rolls geben und die Salzbrezeln hineinstecken.

Oh HONEY

für 1 Portion à 5 Ice Cream Rolls

Für die Ice Cream Rolls

- 1 EL vorgekochter Milchreis
- 1 TL flüssiger Honig
- 50 g Mangofruchtfleisch
- 100 ml Premix »Klassisch« (siehe Seite 22)

Für das Topping

- 1 EL Mangopüree
- ½ TL flüssiger Honig

Ice Cream Rolls

Alle Zutaten hügelartig auf die Eisplatte legen, mit Hilfe der Spatel fein zerkleinern und gut vermischen.

Dann die Masse rechteckig fein ausstreichen, anfrieren lassen und 5 Ice Cream Rolls herstellen. Die Ice Cream Rolls mit der Küchenzange in die vorbereiteten Becher stellen.

Topping

Das Mangopüree über die Ice Cream Rolls geben und den Honig darüberträufeln.

TIPP

Zum Schälen einer Mango das Fruchtfleisch entlang des Steins auf beiden Seiten abschneiden. Eine Hälfte mit der Schalenseite nach unten auf ein Brett legen und mit einem spitzen Messer das Fruchtfleisch rautenförmig bis zur Schale einschneiden. Die Schalenseite anschließend nach innen stülpen und die Mangowürfel abschneiden. Mit der anderen Hälfte entsprechend verfahren. Gegebenenfalls noch verbliebene Fruchtfleischreste vorsichtig vom Stein schneiden.

Kalte SCHNITTE

für 1 Portion à 5 Ice Cream Rolls

Für die Ice Cream Rolls

½ Milchcreme-Schnitte (z.B. Milchschnitte)
1 EL Granatapfelkerne
100 ml Premix »Klassisch« (siehe Seite 22)

Für das Topping

1 EL rote Fruchtsauce
1 TL Granatapfelkerne

Ice Cream Rolls

Die Milchcreme-Schnitte grob zerkleinern und mit den restlichen Zutaten hügelartig auf die Eisplatte legen. Mit Hilfe der Spatel alles fein zerkleinern und gut vermischen.

Dann die Masse rechteckig fein ausstreichen, anfrieren lassen und 5 Ice Cream Rolls herstellen. Die Ice Cream Rolls mit der Küchenzange in die vorbereiteten Becher stellen.

Topping

Die Fruchtsauce über die Ice Cream Rolls geben und die Granatapfelkerne darüberstreuen.

Krümel-MONSTER

für 1 Portion à 5 Ice Cream Rolls

Für die Ice Cream Rolls

- 1 American Cookie
- 1 EL Nuss-Nougat-Creme
- 100 ml Premix »Klassisch« (siehe Seite 22)

Für das Topping

- 1 EL Schokoladensauce
- ½ American Cookie

Ice Cream Rolls

Den Keks grob zerbröseln und zusammen mit den restlichen Zutaten hügelartig auf die Eisplatte legen. Mit Hilfe der Spatel alles fein zerkleinern und gut vermischen.

Dann die Masse rechteckig fein ausstreichen, anfrieren lassen und 5 Ice Cream Rolls herstellen. Die Ice Cream Rolls mit der Küchenzange in die vorbereiteten Becher stellen.

Topping

Die Schokoladensauce über die Ice Cream Rolls geben. Den Keks zerkrümeln und die Brösel darüberstreuen.

Solo con GIOTTO

für 1 Portion à 5 Ice Cream Rolls

Für die Ice Cream Rolls

- 4 Mini-Haselnussgebäckkugeln (z.B. Giotto)
- ½ geschälte Banane
- 100 ml Premix »Klassisch« (siehe Seite 22)

Für das Topping

- 1 EL Karamellsauce
- 1 Mini-Haselnussgebäckkugel (z.B. Giotto)
- 1 Scheibe Banane

Ice Cream Rolls

Die Gebäckkugeln grob zerbröseln. Die Banane grob zerdrücken. Beides zusammen mit dem Premix hügelartig auf die Eisplatte legen, mit Hilfe der Spatel fein zerkleinern und gut vermischen.

Dann die Masse rechteckig fein ausstreichen, anfrieren lassen und 5 Ice Cream Rolls herstellen. Die Ice Cream Rolls mit der Küchenzange in die vorbereiteten Becher stellen.

Topping

Die Karamellsauce über die Ice Cream Rolls geben. Die Gebäckkugel darauflegen und die Bananenscheibe hineinstecken.

Big in JAPAN

für 1 Portion à 5 Ice Cream Rolls

Für die Ice Cream Rolls

2 geputzte Erdbeeren
2 Msp. Matcha-Pulver
1 EL Kokosraspeln
100 ml Premix »Vegan-Soja« (siehe Seite 24)

Für das Topping

1 TL Kokosraspeln
1 geputzte Erdbeere

Ice Cream Rolls

Die Erdbeeren grob zerkleinern und zusammen mit den restlichen Zutaten hügelartig auf die Eisplatte legen. Mit Hilfe der Spatel alles fein zerkleinern und gut vermischen.

Dann die Masse rechteckig fein ausstreichen, anfrieren lassen und 5 Ice Cream Rolls herstellen. Die Ice Cream Rolls mit der Küchenzange in die vorbereiteten Becher stellen.

Topping

Die Kokosraspeln über die Ice Cream Rolls geben und die Erdbeere als Garnitur darauflegen.

Berry ME

für 1 Portion à 5 Ice Cream Rolls

Für die Ice Cream Rolls

1 geputzte Erdbeere
2 geputzte Himbeeren
1 geputzte Brombeere
100 ml Premix »Vegan-Soja« (siehe Seite 24)

Für das Topping

1 EL rote Fruchtsauce
Beeren nach Wahl

Ice Cream Rolls

Die Beeren hügelartig auf die Eisplatte legen, mit Hilfe der Spatel fein zerkleinern und gut vermischen. Dann den Premix darübergießen und alles zusammen nochmals gut vermischen.

Anschließend die Masse rechteckig fein ausstreichen, anfrieren lassen und 5 Ice Cream Rolls herstellen. Die Ice Cream Rolls mit der Küchenzange in die vorbereiteten Becher stellen.

Topping

Die Fruchtsauce über die Ice Cream Rolls geben und die Beeren als Garnitur darauflegen.

Banana-RAMA

für 1 Portion à 5 Ice Cream Rolls

Für die Ice Cream Rolls

- ½ geschälte Banane
- 10 g gehackte Walnusskerne
- 100 ml Premix »Vegan-Mandel« (siehe Seite 24)

Für das Topping

- 1 EL vegane Schokoladensauce
- 1 TL gehackte Walnusskerne

Ice Cream Rolls

Die Banane grob zerkleinern und zusammen mit den restlichen Zutaten hügelartig auf die Eisplatte legen. Mit Hilfe der Spatel alles fein zerkleinern und gut vermischen.

Dann die Masse rechteckig fein ausstreichen, anfrieren lassen und 5 Ice Cream Rolls herstellen. Die Ice Cream Rolls mit der Küchenzange in die vorbereiteten Becher stellen.

Topping

Die Schokoladensauce über die Ice Cream Rolls geben und die Walnusskerne darüberstreuen.

Sauer macht LUSTIG

für 1 Portion à 5 Ice Cream Rolls

Für die Ice Cream Rolls

- 3 Scheiben geschälte Gurke
- 1 EL frisch gepresster Zitronensaft
- 100 ml Premix »Sorbet« (siehe Seite 26)

Für das Topping

- 1 Blatt frisches Basilikum
- 1 Scheibe unbehandelte Zitrone

Ice Cream Rolls

Die Gurkenscheiben grob zerkleinern und zusammen mit den restlichen Zutaten hügelartig auf die Eisplatte legen. Mit Hilfe der Spatel alles fein zerkleinern und gut vermischen.

Anschließend die Masse rechteckig fein ausstreichen, anfrieren lassen und 5 Ice Cream Rolls herstellen. Die Ice Cream Rolls mit der Küchenzange in die vorbereiteten Becher stellen.

Topping

Das Basilikumblatt darauflegen und die Zitronenscheibe hineinstecken.

TIPP

Die Herstellung von Ice Cream Rolls auf Sorbetbasis ist technisch etwas schwieriger, da wegen des geringen Fettgehalts der Grundmasse die Konsistenz eine andere ist. Mit etwas Übung gelingt es aber bestimmt.

Vanille-MIX

für 1 Portion à 5 Ice Cream Rolls

Für die Ice Cream Rolls

- 2 entkernte Datteln
- 1 EL vegane Schokoraspeln
- 1 EL vegane Vanillesauce
- 100 ml Premix »Vegan-Mandel« (siehe Seite 24)

Für das Topping

- 1 EL vegane Karamellsauce
- 1 TL vegane Schokoraspeln

Ice Cream Rolls

Die Datteln grob zerkleinern und zusammen mit den restlichen Zutaten hügelartig auf die Eisplatte legen. Mit Hilfe der Spatel alles fein zerkleinern gut vermischen.

Anschließend die Masse rechteckig fein ausstreichen, anfrieren lassen und 5 Ice Cream Rolls herstellen. Die Ice Cream Rolls mit der Küchenzange in die vorbereiteten Becher stellen.

Topping

Die Karamellsauce über die Ice Cream Rolls geben und die Schokoraspeln darüberstreuen.

Coco-CHOCO

für 1 Portion à 5 Ice Cream Rolls

Für die Ice Cream Rolls

20 g vegane Schokolade
1 TL Kokoscreme
100 ml Premix »Vegan-Kokosnuss« (siehe Seite 24)

Für das Topping

1 EL vegane Schokoladensauce
1 TL Kokosraspeln

Ice Cream Rolls

Die Schokolade grob zerkleinern und zusammen mit den restlichen Zutaten hügelartig auf die Eisplatte legen. Mit Hilfe der Spatel alles fein zerkleinern und gut vermischen.

Anschließend die Masse rechteckig fein ausstreichen, anfrieren lassen und 5 Ice Cream Rolls herstellen. Die Ice Cream Rolls mit der Küchenzange in die vorbereiteten Becher stellen.

Topping

Die Schokoladensauce über die Ice Cream Rolls geben und die Kokosraspeln darüberstreuen.

Hello INDIA

für 1 Portion à 5 Ice Cream Rolls

Für die Ice Cream Rolls

- **10 g frisch geriebener Ingwer**
- **½ TL gemahlene Kurkuma**
- **1 kleine Prise frisch geriebene Muskatnuss**
- **1 Prise gemahlener Zimt**
- **100 ml Premix »Klassisch«** **(siehe Seite 22)**

Für das Topping

- **1 Scheibe unbehandelte Orange**
- **1 Prise gemahlener Zimt**

Ice Cream Rolls

Alle Zutaten hügelartig auf die Eisplatte legen, mit Hilfe der Spatel fein zerkleinern und gut vermischen.

Anschließend die Masse rechteckig fein ausstreichen, anfrieren lassen und 5 Ice Cream Rolls herstellen. Die Ice Cream Rolls mit der Küchenzange in die vorbereiteten Becher stellen.

Topping

Die Orangenscheibe in die Ice Cream Rolls stecken und etwas Zimt darüberstreuen.

Büller-BÜ

für 1 Portion à 5 Ice Cream Rolls

Für die Ice Cream Rolls

10 g Lakritzpulver
10 g Aktivkohle
120 ml Premix »Klassisch« (siehe Seite 22)

Für das Topping

1 Lakritzschnecke

Ice Cream Rolls

Alle Zutaten hügelartig auf die Eisplatte legen, mit Hilfe der Spatel fein zerkleinern und gut vermischen.

Anschließend die Masse rechteckig fein ausstreichen, anfrieren lassen und 5 Ice Cream Rolls herstellen. Die Ice Cream Rolls mit der Küchenzange in die vorbereiteten Becher stellen.

Topping

Die Lakritzschnecke in die Ice Cream Rolls stecken.

Prince of PERSIA

für 1 Portion à 5 Ice Cream Rolls

Für die Ice Cream Rolls

3 Spritzer Rosenwasser
1 Msp. gemahlener Safran
120 ml Premix »Klassisch« (Seite 22)

Topping

1 TL gehackte Pistazienkerne
getrocknete unbehandelte Rosenblüten

Ice Cream Rolls

Alle Zutaten hügelartig auf die Eisplatte legen und mit Hilfe der Spatel fein zerkleinern und gut vermischen.

Anschließend die Masse rechteckig fein ausstreichen, anfrieren lassen und 5 Ice Cream Rolls herstellen. Die Ice Cream Rolls mit der Küchenzange in die vorbereiteten Becher stellen.

Topping

Die Pistazienkerne und die Rosenblüten über die Ice Cream Rolls streuen.

Komm ins CAFÉ

für 1 Portion à 5 Ice Cream Rolls

Für die Ice Cream Rolls
50 ml kalter Espresso
20 ml Vanillesauce
80 ml Premix »Klassisch« (siehe Seite 22)

Füre das Topping
1 EL geschlagene Sahne
2 Kaffeebohnen

Ice Cream Rolls

Alle Zutaten hügelartig auf die Eisplatte legen und mit Hilfe der Spatel gut vermischen.

Anschließend die Masse rechteckig fein ausstreichen, anfrieren lassen und 5 Ice Cream Rolls herstellen. Die Ice Cream Rolls mit der Küchenzange in die vorbereiteten Becher stellen.

Topping

Einen Klecks Sahne auf die Ice Cream Rolls spritzen und die Kaffeebohnen darüberstreuen.

Turkish DELIGHT

für 1 Portion à 5 Ice Cream Rolls

Für die Ice Cream Rolls

1 Stück Baklava

100 ml Premix »Klassisch« **(siehe Seite 22)**

Für das Topping

1 Stück Baklava

1 TL gehackte Pistazienkerne

½ TL flüssiger Honig

Ice Cream Rolls

Die Baklava grob zerkleinern und zusammen mit den restlichen Zutaten hügelartig auf die Eisplatte legen. Mit Hilfe der Spatel alles fein zerkleinern und gut vermischen.

Anschließend die Masse rechteckig fein ausstreichen, anfrieren lassen und 5 Ice Cream Rolls herstellen. Die Ice Cream Rolls mit der Küchenzange in die vorbereiteten Becher stellen.

Topping

Die Baklava auf die Ice Cream Rolls legen und die Pistazienkerne darüberstreuen. Zum Schluss etwas Honig darüberträufeln.

TIPP

Baklava besteht aus Filo- oder Blätterteig, der mit Nüssen, Mandeln oder Pistazien gefüllt und mit Honig oder Zuckersirup getränkt wird. Das Gebäck ist im gesamten Nahen Osten und auf dem Balkan eine traditionelle und sehr beliebte Süßigkeit.

DANKSAGUNG

Besonderer Dank

Vielen Dank an alle, die uns bis hierher begleitet haben!
Danke an unsere Frauen Tanja und Banu, die immer an uns geglaubt haben und uns den Rücken frei gehalten haben!
Danke an unsere Eltern, die uns immer vertraut haben!
Danke an unsere ganzen Familien, für die Unterstützung in all den Jahren!
Danke an alle unsere Freunde, die uns so tatkräftig unterstützt haben: Viet, Maxim, Leon, Jannik, Malik, Bene, Rajeef, Dean und Tiago. Ohne Euch wäre das nicht möglich!
Danke an unser ganzes Team, welches immer 100 Prozent gegeben hat!
Danke an unsere Gäste, für die wir das alles machen!
Danke an die Veranstalter, die diese ganzen coolen Events erst ermöglichen!
Danke an unsere Designer und Grafiker, die unsere Ideen immer super umgesetzt haben!
Danke an den Verlag, für die Chance, an diesem Buch zu arbeiten und danke an den Fotografen Ralf Niemzig für die coolen Fotos!

Wir hoffen, wir haben niemanden vergessen, aber falls doch, fühle auch Du Dich angesprochen. Danke für alles!
Und zu guter Letzt, danke an Dich, der Du bis hierhin gelesen hast. Wir hoffen, Dir hat das Buch gefallen!

Mehr über uns

Folge uns
Instagram @rollingicehamburg
Facebook @rollingicehamburg
TikTok @rollingicehamburg
Besuche unsere Webseite rollingice-hamburg.de
Buche uns für eine Veranstaltung
rollingice-hamburg.de/catering
Wir bieten auch Workshops und zahlreiche weitere Dinge an. Kontaktiere uns einfach!
Oder besuche uns einfach bei einem unserer vielen Trucks.
Wir freuen uns auf Dich!
Bis dahin #eisliebe für Alle <3

IMPRESSUM

Verantwortlich: Sonya Mayer
Texte und Rezepte: Keywan Niederstraßer & Yeshe Wolfsen
Fotografie: siehe Bildnachweis unten
Redaktion: Dr. Regina Roßkopf
Umschlaggestaltung: Leeloo Molnár, unter Verwendung von Fotos von Ralf Niemzig
Layout: Helen Garner
Repro: LUDWIG:media
Korrektorat: Martin Thorn
Herstellung: Julia Hegele

Printed in Poland by CGS Printing

★★★★★

Sind Sie mit diesem Titel zufrieden? Dann würden wir uns über Ihre Weiterempfehlung freuen. Erzählen Sie es im Freundeskreis, berichten Sie Ihrem Buchhändler oder bewerten Sie bei Onlinekauf. Und wenn Sie Kritik, Korrekturen, Aktualisierungen haben, freuen wir uns über Ihre Nachricht an: Christian Verlag, Postfach 40 02 09, D-80702 München oder per E-Mail an lektorat@verlagshaus.de

Unser komplettes Programm finden Sie unter: www.christian-verlag.de

Die Deutsche Nationalbibliothek verzeichnet diese Publikation in der Deutschen Nationalbibliografie; detaillierte bibliografische Daten sind im Internet über http://dnb.d-nb.de abrufbar.

2. Auflage 2024

Bildnachweis
Alle Bilder in diesem Buch stammen von Ralf Niemzig, mit Ausnahme der Bilder Seite 9 und 12–13. Diese stammen von Keywan Niederstraßer & Yeshe Wolfsen

ISBN 978-3-95961-493-1

Ebenfalls erhältlich ...

ISBN 978-3-95961-784-0

ISBN 978-3-86244-116-7

ISBN 978-3-95961-665-2

ISBN 978-3-95961-647-8

CHRISTIAN

www.christian-verlag.de